BEI GRIN MACHT SICH IHR WISSEN BEZAHLT

- Wir veröffentlichen Ihre Hausarbeit,
  Bachelor- und Masterarbeit

- Ihr eigenes eBook und Buch -
  weltweit in allen wichtigen Shops

- Verdienen Sie an jedem Verkauf

Jetzt bei www.GRIN.com hochladen
und kostenlos publizieren

Bibliografische Information der Deutschen Nationalbibliothek:

Die Deutsche Bibliothek verzeichnet diese Publikation in der Deutschen National-
bibliografie; detaillierte bibliografische Daten sind im Internet über http://dnb.d-
nb.de/ abrufbar.

Impressum:

Copyright © 2011 GRIN Verlag, Open Publishing GmbH
Druck und Bindung: Books on Demand GmbH, Norderstedt Germany
ISBN: 9783656551805

Dieses Buch bei GRIN:

http://www.grin.com/de/e-book/265365/dienstreiseantrag-ausfuellen-unterweisung-
buerokaufmann-buerokauffrau

Melanie Take

Dienstreiseantrag ausfüllen (Unterweisung Bürokaufmann / Bürokauffrau)

GRIN Verlag

GRIN - Your knowledge has value

Der GRIN Verlag publiziert seit 1998 wissenschaftliche Arbeiten von Studenten, Hochschullehrern und anderen Akademikern als eBook und gedrucktes Buch. Die Verlagswebsite www.grin.com ist die ideale Plattform zur Veröffentlichung von Hausarbeiten, Abschlussarbeiten, wissenschaftlichen Aufsätzen, Dissertationen und Fachbüchern.

Besuchen Sie uns im Internet:

http://www.grin.com/

http://www.facebook.com/grincom

http://www.twitter.com/grin_com

UNTERWEISUNGSKONZEPT   18.07.2011

Ausbilder	Melanie Take

Ausbildungsberuf	Bürokaufmann/Bürokauffrau
Auszubildender	Alter: 17 Jahre Schulbildung: Fachoberschulreife Ausbildungsstand: 4. Ausbildungsmonat Seine besondere Stärke ist seine schnelle Auffassungsgabe.
Vorkenntnisse	keine Vorkenntnisse notwendig
Groblernziel	§ 3; Nr. 7 b) - Büroorganisation- Bürotätigkeiten planen, organisieren und durchführen
Feinlernziel	Der Auszubildende ist nach der Unterweisung dazu in der Lage, ein Dienstreiseformular sachlich sowie fachlich korrekt und unterschriftsreif eigenständig auszufüllen.
Methode	Lehrgespräch - fragend/entwickelnd -
Methodenwahl	Es werden Kenntnisse (Wissen) vermittelt (kognitiver Lernbereich), der Auszubildende wird aktiv einbezogen (aktive Lehrmethode).
Hilfsmittel	Formular, Filzschreiber, Telefonnotiz
Zeit	ca. 10 Minuten

LERNSCHRITTE

Vorgehen   **Absicht**

1. EINSTIEG/VORBEREITUNG

↳ Begrüßung   Auflockerung, Kontakt herstellen

↳ Verweis auf letzte Unterweisung   Interesse wecken,
„Dienstreisetermine in Kalender eintragen"   Aufmerksamkeit herstellen

↳ . Situation schildern   Anschaulich machen, Praxisnähe
auf *stattgefundenes Telefongespräch*   verdeutlichen, Bezug herstellen
hinweisen

↳ Nennen des heutigen Lernziels   Motivieren, Zielklarheit,
Der Auszubildende nennt die Kriterien, wann Nutzendarstellung
ein Dienstreiseantrag erstellt werden muss
sowie in welchem Zeitraum vor Antritt der
Reise der Antrag ca. ausgefüllt werden sollte.

2. ERARBEITUNG

↳ Der Auszubildende nennt die Kriterien,   Aktivität, mögliche Vorkenntnisse
die ein vollständig ausgefüllter Dienstreise- erkennen und einbeziehen
antrag enthalten sollte.

↳ Der Auszubildende wird gefragt wann der   Wissen vermitteln
Dienstreiseantrag überhaupt notwendig ist.

♧ Das Formular des Dienstreiseantrages wird   Aktivität
eigenständig durch den Auszubildenden
ausgefüllt.

♧ Bei einigen Schritt soll der Auszubildende kurz   Praxisnähe, Verständnis
erklären, warum er sich für die
entsprechende Eintragung entschieden
hat.

3. LERNERFOLGSKONTROLLE

♧ Der Auszubildende fasst kurz mit   Lernzielkontrolle, Sicherung des
eigenen Worten die Notwendigkeit des   Lernerfolges, Wiederholung
Dienstreiseantrages zusammen.

♧ Auf anschließende Arbeitsschritte   Erkennen von Zusammenhängen
wird eingegangen.

♧ Lob des Auszubildenden   Motivation

♧ Hinweis auf die nächste Unterweisung   Interesse wecken
geben
„Dienstreisekostenabrechung" in Bezug
auf die Frage zu anschließenden
Arbeitsschritten

BEI GRIN MACHT SICH IHR WISSEN BEZAHLT

- Wir veröffentlichen Ihre Hausarbeit,
  Bachelor- und Masterarbeit

- Ihr eigenes eBook und Buch -
  weltweit in allen wichtigen Shops

- Verdienen Sie an jedem Verkauf

Jetzt bei www.GRIN.com hochladen
und kostenlos publizieren